LA PETITE QUÊTE DONT TU ES LE HÉROS

Certifié PEFC
Ce produit est issu de forêts gérées durablement et de sources contrôlées
PEFC 10-31-1800
www.pefc-france.org

Conforme à la loi 49-956 du 16 juillet 1949
sur les publications destinées à la jeunesse.
Dépôt légal : juin 2024 - 1er tirage : 06.24
Imprimé en France.
ISBN : 979-1-02761-241-3

www.editions-tourbillon.fr

Sur la piste d'un drôle d'animal

Céline Candie • Mokë

Tourbillon

LA PETITE QUÊTE DONT TU ES LE HÉROS

Bienvenue dans ton aventure. Ce livre est à la fois :

un livre jeu

À chaque page, toi, lecteur, dois aider les héros du livre en terminant les deux jeux proposés. Ces jeux sont classés en **différentes catégories** :

- **Cherche et trouve**
- **À toi de compter**
- **Ouvre l'œil**
- **Qui se ressemble s'assemble**
- **Labyrinthe**
- **Devinette**

En bonus, un objet a été dissimulé dans toutes les pages. Ici, la boule de poils a perdu sa tétine : retrouve-la dans les différentes parties du monde.

Voici Léon.

Psst ! Si jamais tu ne parviens pas à terminer un jeu, rendez-vous à la fin du livre, aux **pages solutions**.

et un livre dont tu es le héros

Pour vivre l'aventure de Mila et Léon, tu dois, à chaque fin de page, **choisir un des deux chemins** qui s'offre à toi. Grâce à un **code couleur** associé aux numéros de pages, tu peux te rendre facilement à la destination choisie.

Décide où tu veux aller !

Voici Mila.

Attention à ne pas tomber sur la page « **retour à la case départ** »...

Bonne quête !

Dans la même collection :

– Mila, viens m'aider, j'ai perdu le ballon ! crie Léon à sa cousine.
En farfouillant dans les buissons du jardin de leurs grands-parents, Léon s'écrie :
– Hé, c'est quoi cette boule de poils ?
Mila, qui adore les animaux, s'approche et dit :
– Aucune idée. Mais regarde comme elle est triste, elle cherche sans doute sa maman… Je ne la vois pas dans le jardin.
Léon se tourne vers la boule de poils :
- Attends-nous ici, nous allons retrouver ta maman, promis !

Pour partir à la recherche de la maman de cet étrange animal, Mila et Léon ont besoin de s'équiper ! Retrouve dans l'image :

La boule de poils ne cesse de perdre sa tétine. Cherche-la dans **chaque double page** de ce livre.

Te voilà prêt pour l'aventure ! Alors, on commence par quoi ?
Suis ce panneau jusqu'à la **page 2** pour admirer des éléphants.
Pars de l'autre côté, **page 4**, si tu préfères rencontrer des suricates.

Boum, boum, BOUM !

Enfoncés dans la **jungle indienne**, Mila et Léon se dirigent vers cet étrange raffut et tombent nez à trompe avec un groupe d'éléphants ! Ces derniers se rafraîchissent dans la rivière... À moins qu'ils ne soient en train de s'admirer ?

Trouve le reflet qui correspond parfaitement à l'éléphant en face de lui.

Attention Léon, ne te retourne pas, dit lentement Mila.
Et passe-moi mon pungi, je vais essayer quelque chose…

Aide Mila à charmer ce beau mais dangereux serpent en suivant les notes dans le bon ordre.

Pas la moindre trace de la maman boule de poils par ici ! Que décides-tu maintenant ?

Tu grimpes jusqu'aux sommets de l'Himalaya, **page 6**.
Tu montes avec Mila sur un éléphant, direction New York, **page 5**.

2

Bienvenue aux **îles Galápagos** ! Une mer bleu azur, des plages infinies, une nature éblouissante…

– Wahou ! Tu as vu ces tortues, Léon ? Elles sont immenses ! s'émerveille Mila.

Seules deux carapaces ont le même motif…
À toi de les trouver !

– La maman boule de poils est peut-être de l'autre côté, je vais traverser ! s'exclame Léon.
– Fais attention à ne pas te faire croquer les fesses ! le prévient Mila.

Aide Léon à se frayer un chemin parmi les iguanes marins.

La maman n'est pas là… Où peut-elle bien se cacher ?
Dans les marais maudits, **page 9**.
Dans un endroit beaucoup moins dangereux, **page 13**.

– C'est moi ou il fait super chaud ici ? demande Mila.

– Et encore, **le Kalahari** est le moins chaud de tous les déserts africains parce qu'il est plus élevé… commence fièrement Léon.

– Oh regarde ! Des suricates ! Ils sont trop choux ! le coupe Mila.

Observe les différents pelages des suricates et aide chaque maman à retrouver son petit.

– Tu as vu ces singes, Mila ? L'un d'entre eux a peut-être aperçu notre boule de poils…

Pour trouver le singe à interroger, écoute les indices :
- Il n'a pas de chapeau.
- Ce n'est pas le plus grand.
- Il ne tire pas la langue.
- Il ne porte pas de lunettes.

Le singe te conseille ces deux destinations :

Le célèbre parc de New York et ses écureuils, **page 5**.
La montagne, ses vaches et ses verts pâturages, **page 8**.

Ah, **New York** ! Ses gratte-ciel, ses hot-dogs et ses… 270 espèces d'oiseaux ?!
Ça en fait du monde à interroger pour retrouver notre boule de poils !
– Ces deux familles d'étourneaux se ressemblent énormément ! constate Léon.

Trouve les 8 différences entre ces deux familles d'étourneaux.

– Oh, regarde cet écureuil ! Je me demande pourquoi il semble si pressé… s'interroge Mila.

– C'est parce qu'il préfère manger que répondre à nos questions ! lui répond Léon.

Cherche les 10 noisettes disséminées dans l'image.

Une fois rassasié, l'écureuil te conseille de prendre le métro.
Quelle ligne choisis-tu ?

La ligne n° 6, direction les pandas roux, qui savent toujours tout.

La ligne n° 7, direction les rennes à clochettes, qui ne disent jamais de sornettes.

Des bambous à foison, d'immenses sommets enneigés...
Pas de doute, nous sommes dans **l'Himalaya** !

– Tu crois qu'ils en auront assez ? demande Mila, perplexe.

– De quoi ? l'interroge Léon.

– Ben, de bambou ! Les pandas roux en raffolent !

123

À vue d'œil, y a-t-il plus de pandas roux ou de bambous ?

Léon, lui, est fasciné par les yacks. Ils sont si gros et si poilus… comme la maman boule de poils ! Il aurait aussi adoré apercevoir le léopard des neiges, mais ce dernier est très sauvage et ne laisse voir que son ombre…

Repère parmi les ombres celle qui appartient au léopard des neiges.

La nuit tombe vite par ici, il est temps :

D'échanger ton anorak contre un paréo, puis de filer en **page 11**.
D'appeler la compagnie *Hélico presto* et de t'envoler vers la **page 12**.

6

Des rennes à clochettes, des chalets de toutes les couleurs, des sucres d'orge géants, des cadeaux partout, pas de doute, nous sommes…

– Chez le lapin de Pâques ! s'exclame Léon.

– Euh… répond Mila, surprise. En **Laponie** plutôt !

Pour mettre Léon dans l'ambiance, cherche et trouve dans l'image :

– Tu as vu ces lutins, Mila ? Ils ressemblent drôlement aux rennes dont ils s'occupent ! remarque Léon.
– Ha, ha, oui, c'est rigolo ! rit Mila.

Qui se ressemble s'assemble !
Aide chaque lutin à retrouver son renne.

Gla gla, il fait frisquet par ici, et pas de boule de poils à l'horizon !
Que fais-tu maintenant ?

Mets ton maillot de bain, direction les îles Galapagos, **page 3**.
Enfile tes chaussures de marche pour visiter les pâturages suisses, **page 8**.

– Oh, Léon, je crois que cette fois, ça y est, nous avons trouvé sa maman ! Elle se cachait dans les **pâturages suisses** ! Bonjour, jolie peluche !

– BÊÊÊÊÊ !

– Dis, elle ressemble drôlement à un mouton, ta peluche… remarque Léon.

123

Compte tous les moutons présents sur cette image… en évitant de t'endormir, si tu le peux !

– Regarde, Mila, des ruches ! Mmmh, j'adore le miel, moi !

– Et moi, j'adore observer la danse des abeilles, elles sont si gracieuses ! s'émerveille Mila.

Guide cette abeille jusqu'à la fleur, puis aide-la à retrouver le chemin vers la ruche.

Tu continues tes recherches vers une nouvelle contrée. Tu y vas :

À skis à chenilles, et tu ne t'arrêteras qu'en Terre de Feu, **page 12**.

En télésiège, jusqu'à atteindre la grande barrière de corail, **page 10**.

– C'est fou, regarde ces fleurs ! Elles ressemblent exactement à notre boule de poils ! s'exclame Mila.

– Euh, Mila, on devrait peut-être faire demi-tour... s'inquiète Léon. Il y a un truc bizarre ici... Ces **marais** ont l'air maudits...

Parmi toutes ces créatures étranges, deux sont identiques, trouve lesquelles.

Cette plante à pompons bleus n'a absolument, mais ABSOLUMENT rien à voir avec l'adorable créature que nous suivons depuis le début de cette aventure.

123 Compte le nombre de monstres verts dans l'image.

Il va falloir rebrousser chemin et viiiiite !
Allez, tu te retrouves **page 1** pour reprendre tes esprits et faire, cette fois, les bons choix !

– Bloup ! Que c'est beau **la barrière de corail** ! s'émerveille Léon.
– Magnifique ! lui répond Mila. Mais, bloup, penses-tu que la maman de la boule de poils sache aussi bien nager que cette raie manta ?

Aide la maman raie à rejoindre ses petits à travers les coraux. Gare aux méduses !

– Hi, hi, hi ! Ha, ha, ha ! Ho, ho, ho ! s'esclaffe Mila.
– Qu'est-ce qui te fait rire comme ça ? s'étonne Léon.
– Regarde ces poissons-clowns ! Ils sont vraiment trop drôles !

Parmi les 3 groupes de poissons, trouve celui qui est très différent des autres.

C'est le moment de poursuivre ta mission !

À bord de ce drôle de sous-marin, jusqu'à **page 3**.
Sur le dos de ce gentil dauphin, jusqu'à la **page 13**.

Nous voilà sur **l'île de la Martinique** en plein cœur de la forêt tropicale.

– Hiiii, une mygale, je cours me cacher ! s'écrie Léon.

– Oh, c'est une matoutou ! Tu savais que cette espèce vit seulement sur cette île ? Léon ? Sors de ta cachette ! appelle Mila.

Retrouve Léon dans l'image grâce à ces indices :

- Léon grimpe très bien aux arbres.
- Il en a choisi un avec de magnifiques fleurs bleues.
- Seul un bout de sa chemise à fleurs est visible.

– Trouvé Léon ! Tu étais presque aussi bien caché que notre boule de poils ! s'exclame Mila.
– Oh, un colibri ! s'émerveille Léon.

Le colibri est un champion de vitesse ! Choisis le chemin le plus court jusqu'à son ami l'insecte.

Que d'émotions ! Allez, il est temps...
De contempler les magnifiques tortues marines, **page 3**.
De nager parmi les raies manta et les poissons-clowns, **page 10**.

La Terre de Feu, dernière région habitée avant le pôle Sud ! Sur ses côtes, on trouve des cormorans, des lions de mer, des condors, des manchots… mais pas de trace de la maman boule de poils.

123

Y a-t-il assez de poissons dans ce tas pour le petit-déjeuner des 9 manchots ? Compte-les !

– Regarde Léon, un guanaco ! s'écrie la fillette. On pense que c'est l'ancêtre du lama.

– Il n'a pas l'air commode, remarque Léon.

– Fais attention, le prévient Mila. Comme le lama, il peut cracher quand il n'est pas content !

– **PFFRTTT !**

Léon n'y voit plus très clair… Repère pour lui la seule image qui apparaît sur cette double page.

Sauve-toi vite avant de te faire cracher dessus ! Mais où ?

Dans la forêt tropicale de l'île de la Martinique, **page 11**.
Si ce voyage commence à te fatiguer, rendez-vous **page 13**.

– J'en ai assez de voyager, je veux rentrer chez papi et mamie ! se plaint Léon.

Mila se contente de sourire à son cousin. Et pour cause : les deux enfants viennent de faire le tour du monde pour se retrouver… chez les voisins de leurs grands-parents !

Vite, replace dans l'image les 4 pièces manquantes du puzzle.

– Regarde, juste là ! C'est notre boule de poils ! s'exclame Léon.
Et on dirait qu'elle n'est pas seule...
– Ooooh ! On cherchait sa maman, mais en fait c'était elle, la maman !
s'attendrit Mila. Et ses bébés étaient juste dans la maison d'à côté !

123

Compte les bébés boules de poils présents dans cette image.

Après cette folle aventure, Léon et Mila, épuisés, ont hâte de retrouver les bons petits plats maison, leur dessin animé préféré et leurs lits douillets. Mais à peine se sont-ils posés dans le canapé que leur mamie annonce :

– Surprise, les enfants ! Avec papi, nous vous emmenons faire du camping en pleine nature ! Pas de télé, pas d'eau chaude et pas de réfrigérateur pendant une semaine, on va vivre comme de vrais aventuriers ! Ça va être rigolo, non ?

SOLUTIONS

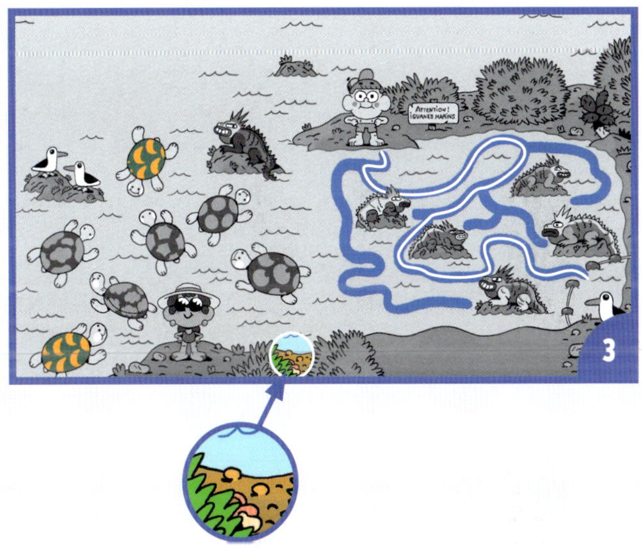

Il y a plus de pandas roux (13) que de bambous (12).

Il y a 14 moutons.

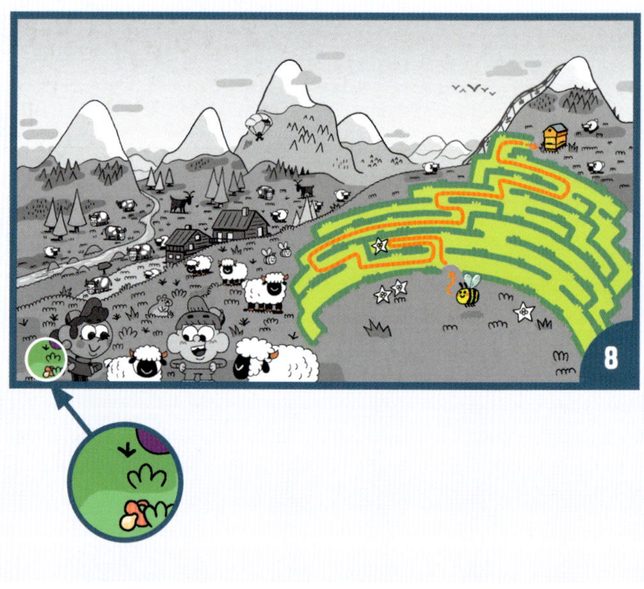

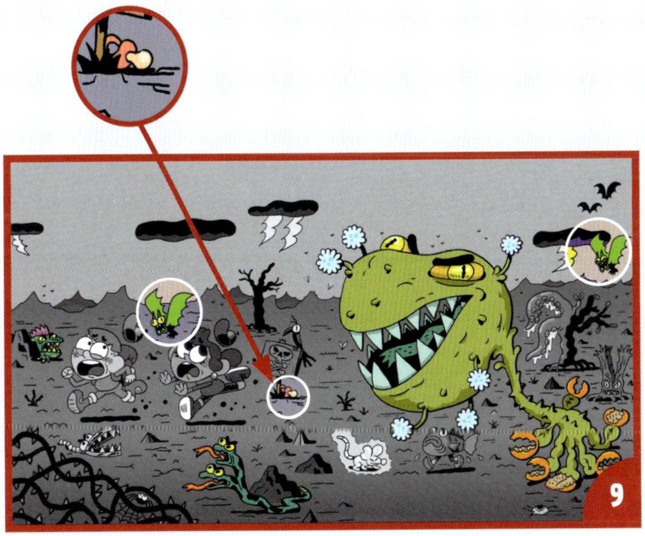

Il y a 5 monstres verts.

Il y a assez à manger : 11 poissons pour 9 manchots.

Il y a 7 bébés boules de poils.

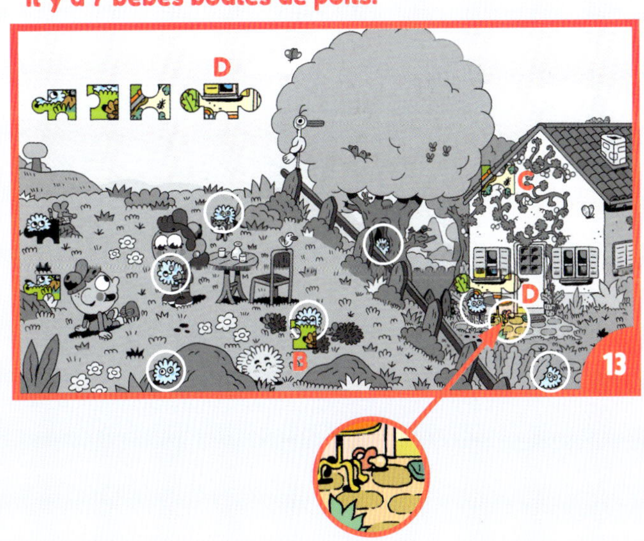